孔子学院总部/国家汉办
Confucius Institute Headquarters(Hanban)

Wonderful Love

奇妙的爱情

Level 4
四级

孔子学院总部/国家汉办 编

北京语言大学出版社
BEIJING LANGUAGE AND CULTURE UNIVERSITY PRESS

图书在版编目（CIP）数据

奇妙的爱情 / 孔子学院总部，国家汉办编．-- 北京：北京语言大学出版社，2014.12（2016.1 重印）
（好朋友：汉语分级读物．四级）
ISBN 978-7-5619-4054-9

Ⅰ．①奇… Ⅱ．①孔… ②国… Ⅲ．①汉语—对外汉语教学—语言读物 Ⅳ．① H195.5

中国版本图书馆 CIP 数据核字（2014）第 284654 号

书　　名：奇妙的爱情
QIMIAO DE AIQING
责任印制：姜正周　　练习编写：倪佳倩
英文翻译：孙齐圣　　插图绘制：孙　屹

出版发行：北京语言大学出版社
社　　址：北京市海淀区学院路 15 号　邮政编码：100083
网　　址：www.blcup.com
电　　话：发行部　82303650 / 3591 / 3651
编辑部　82301016
读者服务部　82303653
网上订购电话　82303908
客户服务信箱　service@blcup.com
印　　刷：北京画中画印刷有限公司
经　　销：全国新华书店

版　　次：2014 年 12 月第 1 版　2016 年 1 月第 2 次印刷
开　　本：889 毫米 × 1194 毫米　1/32　印张：1.75
字　　数：27 千字
书　　号：ISBN 978-7-5619-4054-9 / H · 14330
03500

致读者

亲爱的朋友：

你好！

“好朋友——汉语分级读物”是我们为广大汉语学习者奉上的一份礼物，在这里，你可以用汉语读到自己熟悉的文化，你可以根据自己的汉语水平选择难度级别合适的读物，你还可以随时随地听读这些故事，汉语学习在这里变得亲切、简单、有效。

多元文化：这套读物的原始素材主要来自国家汉办举办的首届“孔子学院杯”国际汉语教学写作大赛的获奖作品，我们挑选了来自 40 个国家的作品，当你读到自己熟悉的文化，是不是觉得更加亲切呢？除此之外，你还可以用汉语了解其他 39 个国家的见闻，这是多么有意思的事情啊！

分级阅读：这套读物共 6 个级别，语言难度和词汇量分别对应新汉语水平考试（新 HSK）1-6 级。你可以根据自己的汉语水平选择难度级别合适的读物。

随时听读：这套读物配有录音 MP3 和可供免费下载的音频文件，让你有效利用碎片时间，随时随地听读有趣的故事，让阅读的乐趣无处不在。

感谢孔子学院总部暨国家汉办的大力支持和帮助，使得这套读物顺利出版。

编者

To Our Readers

Dear friends,

Friends—Chinese Graded Readers is a gift for Chinese learners, where you can read familiar culture in Chinese, choose the appropriate reading materials of different levels according to your language proficiency, and listen to and read these stories anytime and anywhere. In these books, learning Chinese becomes habitual, simple, and effective.

Multicultural: The raw materials of these readers mainly come from the award-winning works in the First "Confucius Institute Cup" International Chinese Language Teaching and Writing Contest held by Hanban. Works from 40 countries are included in these books. Won't you have a more cordial feeling when reading about the culture you are familiar with? In addition, you can read about the experiences in 39 other countries in Chinese, which will also be a fun learning experience.

Graded Reading: The series of readers consists of six levels with their grammar and vocabulary corresponding to Levels 1–6 in the New HSK Syllabus. You can choose books of a certain degree of difficulty according to your own level of Chinese proficiency.

Listen and Read Anytime: Each reader comes along with an MP3 CD as well as online audio files for free downloading, enabling readers to make use of fragments of time to listen to and read interesting stories, thus making the fun of reading everywhere.

We hereby would like to extend our gratitude to the Confucius Institute Headquarters (Hanban) for the great support and help we are given to successfully publish this series of readers.

The Compilers

语法术语缩略形式表
Abbreviations for Grammatical Terms

英文缩写 Abbreviations	英文全称 Grammatical Terms in English	中文名称 Grammatical Terms in Chinese
n.	noun	名词
p.n.	proper noun	专有名词
v.	verb	动词
adj.	adjective	形容词
num.	numeral	数词
m.	measure word	量词
pron.	pronoun	代词
adv.	adverb	副词
prep.	preposition	介词
conj.	conjunction	连词
part.	particle	助词
int.	interjection	叹词
ono.	onomatopoeic word	拟声词

目录

我和我家

My Family and I

Illarionova Viktoriia
俄罗斯圣彼得堡大学孔子学院

"我"明年要做什么？
What will "I" do next year?

01

我今年四十八岁了，刚刚开始学习汉语。我知道我的年龄大了，学汉语不容易，所以我很努力。我喜欢中国历史和中国菜。我有很多中国朋友，我常常问他们问题，和他们一起散步、看电影、喝咖啡、看报纸、听音乐。

我每天早上七点起床，

八点吃早饭，九点半上班。下了班我有时候会去图书馆看书——最近我在看一部[1]很有名的中国小说，有时候我会去锻炼身体。六点回到家，我还要打扫房间，洗衣服，做饭。晚上吃完饭我还要做作业，十二点才能睡觉。我每天都很忙，但是我觉得很有意思。

我家有四口人，丈夫、我和两个儿子。我们还有一只小狗，它是我们的好朋友，很可爱。我的丈夫在一家公司做律师，我的两个儿子都在上学，我和我的丈夫很爱他们。

1. 部 bù m. *used for books, movies, etc.*

星期六、星期日我们一家人会一起去公园玩或者去商店买东西。

明年我要去中国旅行，还要在北京学习汉语。我想去长城，想吃北京烤鸭，想吃饺子。我很期待[2]这次旅行。

2. 期待 qīdài v. to look forward to

练习 Exercises

一 选出正确答案。Choose the right answer.

A. 历史　B. 公司　C. 长城　D. 小说　E. 音乐

1. “我”喜欢中国（　　）和中国菜。
2. “我”和朋友一起散步、看电影、听（　　）。
3. 最近“我”在看一部很有名的中国（　　）。
4. “我”的丈夫在一家（　　）做律师。
5. “我”想去（　　），想吃北京烤鸭和饺子。

二 排列顺序。

Put the following sentences in the right order.

A. 回家“我”还要打扫房间，洗衣服，做饭。

B. “我”七点起床，八点吃早饭，九点半上班。

C. 晚上吃完饭“我”还要做作业。

D. 十二点才能睡觉。

E. 下了班“我”有时候会去图书馆看书。

三 说说你明年的旅行计划。Talk about your travel plan for next year.

我的中国朋友

My Chinese Friends

Jessica Maria Ramos Cardenas
秘鲁天主教大学孔子学院

"我"的中国朋友喜欢做什么?
What do "my" Chinese friends love doing?

02

我从去年开始学习汉语,到现在已经一年多了。那时候我怎么也想不到会认识这么多中国朋友。

我的中国朋友是几个漂亮的姑娘,她们在我们学校学西班牙语[1]。那天我在教室遇到了她们,我问她们叫什么,但是她们回答得太快了,我

1. 西班牙语 Xībānyáyǔ p.n. Spanish (language)

一点儿也没听懂。她们笑了，我也笑了，就这样，我们认识了。

我的中国朋友住的地方离学校很远，但是很舒服，旁边还有一个大公园。她们很喜欢运动，常常在那儿打篮球、跑步什么的。慢慢地，她们学会了自己坐出租车，自己去商店买东西，自己做饭。一天，她们请我去她们那儿吃饭。那是我第一次吃中国菜，还喝了茶，我觉得好吃极了。

有一次，我请她们去跳舞，出去玩怎么能没有男孩子

呢？所以我叫上了我的哥哥和弟弟。还有一次，我们去了热带雨林[2]，但是那天天气不好，还下了雨，可大家都玩得非常开心。

时间过得真快，我的中国朋友就要回国了。她们心情很复杂，想留下来，又想回家看爸爸、妈妈。我到机场去送

2. 热带雨林 rèdài yǔlín tropical rainforest

她们，我们一起唱了一首[3]中国歌，唱着唱着我哭了，朋友们说："别哭了，朋友。欢迎你到中国来玩。"我回答她们："希望我们能很快见面！"

3. 首 shǒu m. *used for songs and poems*

练习 Exercises

一 选出正确答案。Choose the right answer.

A. 打篮球　B. 吃中国菜　C. 送　D. 舒服　E. 跳舞

1. 她们住的地方离学校很远，但是很（　　）。
2. 她们很喜欢运动，常常（　　）、跑步什么的。
3. 她们请“我”去吃饭，那是“我”第一次（　　）。
4. 有一次，“我”请她们去（　　）。
5. 朋友们要走了，“我”到机场去（　　）她们。

二 排列顺序。

Put the following sentences in the right order.

A.“我”问她们叫什么，于是我们就认识了。

B.“我”从去年开始学习汉语。

C. 有一天，“我”在教室遇到了几个中国姑娘。

D.“我”的中国朋友要回国了，“我”很伤心。

E. 我们常常一起出去玩。

三 说说你和你的朋友经常在一起做什么。

Talk about what you often do with your friends.

在中国买外套[1]

Buying a Coat in China

卫玛丽　加拿大麦克马斯特大学孔子学院

"我"为什么没有带外套?
Why didn't "I" bring a coat?

03

四年前的冬天，我住在中国。去中国以前，我听说[2]那儿的冬天很暖和，所以我没有带外套。可是北京的一月冷极了，我必须坐公共汽车去城里买新的外套。

我到了城里，先进了一个大商场[3]。那儿的衣服不错，不贵，颜色和样子也还可以。

1. 外套 wàitào n. coat

2. 听说 tīngshuō v. to hear of

3. 商场 shāngchǎng n. shopping mall

我试了一件外套，可是我的个子很高，这件外套太短了。我问售货员："这件外套太短了，有没有长一点儿的？"售货员说："对不起，这是我们商店最长的外套了。在路的对面，还有一个小商场。那儿可能有长点儿的外套。"

我去了那家小商场，那里的外套比较少，也不漂亮。我找了很久，最后终于在角落[4]里看见一件长外套。外套是蓝色的，我很喜欢这个颜色。于是我试了试，但是外套还是太短了。售货员看到我失望的样

4. 角落 jiǎoluò n. corner

子，说："还有一件外套，样子和颜色和这件差不多，但是长一点儿。您想试试吗？"我试了试，非常合适，我太高兴了。售货员说："这件外套贵一点儿，可以吗？"我回答说："贵一点儿没关系。我就买这件。"

练习 Exercises

一 选出正确答案。Choose the right answer.

A. 比　B. 对面　C. 暖和　D. 失望　E. 颜色

1. “我”听说北京的冬天很（　　），所以没有带外套。
2. 那儿的衣服（　　）和样子还可以。
3. 在路的（　　），还有一个小商场。
4. 售货员看到“我”（　　）的样子，又帮“我”找了一件外套。
5. 长外套（　　）短外套要贵一点儿。

二 选出正确答案。Choose the right answer.

1. “我”是怎样去城里的？（　　）

A. 骑自行车　B. 坐公共汽车
C. 走路　D. 坐火车

2. “我”一共试了几件衣服？（　　）

A. 一件　B. 两件　C. 三件　D. 四件

3.“我”去了几家商场？（　　）

A. 一家　　B. 两家　　C. 三家　　D. 四家

4.“我”为什么没有买那件蓝色的外套？（　　）

A. 太贵了　　B. 样子不好看

C. 颜色不好看　　D. 太短了

5. 最后“我”买到满意的衣服了吗？（　　）

A. 买到了　　B. 没买到

C. 买了两件　　D. 不知道

三 介绍一次你给朋友或家人买礼物的经历。

Introduce one of your experiences of buying a gift for a friend or family member.

变老不容易

It Is Not Easy to Get Old

Roland Hanebeck
德国法兰克福大学孔子学院

我们想找一家什么样的饭店？
What kind of restaurant do "we" hope to find?

04

我爸爸、妈妈有六个孩子，三个儿子和三个女儿。我是最小的，明年五十岁了。

我的哥哥和姐姐们觉得，我应该举行一个很大的生日派对[1]。"在离你家不太远的地方找一家好饭店，最好饭店附近有一个能住下二十个人的宾馆，最好有很大的地方让孩

1. 派对 pàiduì n. party

子们玩，最好那家饭店不在大城市里。这样我们会很高兴去看你。”

于是我遇到了一个难题：怎么找一家菜很好吃的饭店（我的哥哥和姐姐们对吃饭很讲究[2]）、一家孩子喜欢的饭店、一家离宾馆不远的饭店、一家不在大城市的饭店？

今年夏天，我和三姐已经一起看了三家饭店。第一家饭店的菜很好吃，但是不适合孩子。第二家饭店的环境很好，但是菜不好吃。第三家饭店的菜很好吃，但是在一条大路旁边，有很多车经过。下周

2. 讲究 jiǎngjiu adj. fussy, fastidious

我要和大哥一起去看另一家饭店。那家饭店的鱼很有名，有可以住十五个人的宾馆，而且在一个漂亮的湖[3]旁边。

我的生日就要到了，在生日之前我必须找到一个能让我的哥哥、姐姐、他们的孩子、他们孩子的孩子都满意的饭店。

变老真不容易！

3. 湖 hú n. lake

练习 Exercises

一 选出正确答案。Choose the right answer.

A. 容易　B. 适合　C. 经过　D. 附近　E. 举行

1. “我”的哥哥和姐姐们觉得，“我”应该（　　）一个很大的生日派对。
2. 最好饭店（　　）有一个能住下二十个人的宾馆。
3. 第一家饭店的菜很好吃，但是不（　　）孩子。
4. 第三家饭店在一条大路旁，有很多车（　　）。
5. 变老真不（　　）。

二 选出正确答案。Choose the right answer.

1. “我”爸爸、妈妈有几个儿子和几个女儿？（　　）

   A. 两、三　　B. 三、三

   C. 两、五　　D. 两、两

2. 下面哪项不是饭店应该有的条件？（　　）

   A. 有停车场　　B. 菜好吃

   C. 适合孩子　　D. 离宾馆近

3.“我”和三姐已经看了几家饭店？（　　）

A. 一家　　B. 两家　　C. 三家　　D. 四家

4. 第一家饭店为什么不行？（　　）

A. 菜不好吃　　B. 不适合孩子

C. 有很多车　　D. 地方太小

5. 下周“我”打算和谁一起去看另一家饭店？（　　）

A. 二姐　　B. 女儿　　C. 二哥　　D. 大哥

三 说说你想选一个什么样的地方举行生日派对。为什么？

Talk about what kind of place you want to choose to hold a birthday party. Why?

我的新邻居

My New Neighbors

Emily Marie Liedel（艾米丽）
美国波特兰州立大学孔子学院

"我"给新邻居们送去了什么？
What did "I" take to my new neighbors?

05

我跟丈夫刚刚搬到新家，我们想认识新邻居。因为旅游的时候需要人帮忙看[1]猫、看狗，还有如果家里糖什么的没了，都可以向邻居借。于是我们想送给邻居们一些小礼物。

我做了面包送给我们楼上的邻居，可他们没要。他们说，他们不吃面包，面包对身

1. 看 kān v.
to take care of

体不好。我有一点儿扫兴[2]。

过了几天，我又做了面包给旁边的邻居。我敲了敲门，一个男人开了门，我介绍了我自己，把面包给了他。他很奇怪地看了看我，告诉我他的名字，然后很快就把门关上了。我觉得他一定把面包扔了。

我们家旁边还有一位邻居，我想认识她。这次，我没做面包。她开门的时候，正在打电话。我很快地介绍了自己。

“你好！我叫艾米丽[3]，我住旁边。”

2. 扫兴 sǎoxìng adj. disappointed

3. 艾米丽 Àimǐlì p.n. Emily

她笑着说："你要借糖的时候，可以来找我。"然后她想了一想，又说："对不起，我说错了。我不吃糖，我家也从不买糖。"我问她吃不吃面包，她也不吃。

我很不高兴地回了家。十五分钟以后，她来敲门，手

里拿着一盒茶。她说："对不起，我刚才没有好好跟你说话。你喜欢喝茶吗？"我收下了茶，然后请她进屋[4]，跟她聊了半个多小时。我很高兴，我喜欢茶，而且我还有了一位可亲[5]的邻居。

4. 屋 wū n. room

5. 可亲 kěqīn adj. kind, amiable

练习 Exercises

一 选出正确答案。Choose the right answer.

A. 认识　B. 小礼物　C. 帮忙　D. 正在　E. 身体

1. 因为旅游的时候需要人（　　）看猫、看狗。
2. 我们想送给邻居们一些（　　）。
3. 他们不吃面包，觉得面包对（　　）不好。
4. 她开门的时候，（　　）打电话。
5. “我”很高兴（　　）了一位可亲的邻居。

二 排列顺序。Put the following sentences in the right order.

A. 我们刚刚搬到新家，想认识新邻居。

B. “我”做了面包想送给旁边的邻居。

C. “我”介绍了“我”自己，把面包给了这个男人。

D. “我”敲邻居的门，一个男人开了门。

E. 他告诉“我”他的名字，然后很快就把门关上了。

三 介绍一下你的邻居。Introduce your neighbors.

奇妙[1]的爱情

Wonderful Love

卡尔巴索娃·塔吉雅娜
俄罗斯远东联邦大学孔子学院

"我"为列娜买了什么?
What did "I" buy for Lena?

06

现在，我的心情很激动。我喜欢列娜[2]很久了，今天我一定要告诉她！

"列娜！你是我见过的最漂亮的女孩！我爱你！"

"对不起……"

"对不起"？我惊醒[3]了。太好了，这只是一个梦。没关系，我相信列娜会爱上我的。

1. 奇妙 qímiào adj. wonderful

2. 列娜 Liènà p.n. Lena

3. 惊醒 jīngxǐng v. to wake up with a start

天啊！为什么我只想着列娜？我今天还有汉语考试呢。我拿起书包向学校跑去。

今天的考试很难，尽管我准备了很长时间，可一开始考试，就全忘了。我很着急，这时候坐在我右边的列娜看了我一眼，笑了。奇怪，我一下子全都想起来了！爱情真是个奇怪的东西。

考完试后，我找到列娜，邀请她和我出去玩。她笑着同意了。我真是世界上最幸福的人。

我回到家里，为了和列

娜的约会做准备。我试了很多件衣服，也不知道选择哪件好，不知道穿哪件衣服才会让列娜爱上我。在去见列娜的路上，我为她买了一束[4]花。列娜来得有点儿晚[5]，晚了四十分钟。堵车。没事，我愿意一直等下去。

4. 束 shù m. bunch

5. 晚 wǎn adj. late

我们在公园里散步到很晚，到家了我才想起来有很多作业，要复习，要做练习，要预习……我想着和列娜在一起的每一分钟，眼前的字突然在纸[6]上愉快地跳起舞来……

6. 纸 zhǐ n. paper

练习 Exercises

一 选出正确答案。Choose the right answer.

A. 尽管　B. 选择　C. 相信　D. 愉快　E. 准备

1. “我”（　　）列娜会爱上“我”的。
2. （　　）“我”准备了很长时间，可一开始考试，就全忘了。
3. “我”回到家里，为了和列娜的约会做（　　）。
4. “我”试了很多件衣服，也不知道（　　）哪件好。
5. 眼前的字突然在纸上（　　）地跳起舞来。

二 排列顺序。

Put the following sentences in the right order.

A. 考完试后，“我”邀请列娜和“我”出去玩。

B. 在去见列娜的路上，“我”为她买了一束花。

C. 回家的时候“我”才想起来还有很多作业没有做。

D. “我”今天有考试。

E. 我们在公园里散步到很晚。

三 说说你或你的朋友的爱情故事。

Talk about the love story of yours or your friend's.

圣诞节[1]颂歌[2]

The Christmas Carol

Adrian Klaja（董乐） 波兰克拉科夫孔子学院

我们扮成什么去唱圣诞颂歌？
What do “we” dress up like to sing the Christmas carol?

07

在我们国家，每年的圣诞节孩子们都会去敲别人家的门，给他们唱颂歌。孩子们打扮成天使[3]或魔鬼[4]，他们唱着歌，从这一家走到那一家，听的人和唱的人都很开心。可是现在，唱颂歌的人越来越少了。

今年的圣诞节，我和我的朋友们想找回小时候的快

1. 圣诞节 Shèngdàn Jié p.n. Christmas

2. 颂歌 sònggē n. carol

3. 天使 tiānshǐ n. angel

4. 魔鬼 móguǐ n. demon

乐——去别人家里唱颂歌。但是我们已经十六七岁了，不再是孩子了，有些人有点儿害怕，不让我们进门。

怎么办[5]呢？

这个冬天很冷，下了很多雪，我们喝着热茶，想着办法。我和我的一个朋友，我们俩都喜欢唱歌，我们扮成天使。而我的另外一个朋友不会唱歌，也不会跳舞；但是他有两个爱好，一是爱钱，二是爱吃东西。所以他当魔鬼最好了！我爸爸建议我们去亲戚和朋友家，他们会让我们进门的。我妈妈还帮我们做了天使

5. 怎么办 zěnme bàn what to do
办 bàn v. to do

和魔鬼的衣服。

下午四点，天已经黑了，也很冷。我们开始一边走一边唱歌，还迷了几次路，但是这很好玩。亲戚和朋友们给我们喝热茶，给我们拿好吃的，还有人给了我们钱！

大家都很喜欢我们的演出，还说希望以后每年都能听到我们唱歌。

练习 Exercises

一 选出正确答案。Choose the right answer.

A. 敲　B. 办法　C. 演出　D. 越来越　E. 找回

1. 每年的圣诞节，孩子们都会去（　　）别人家的门，给他们唱颂歌。
2. 现在，唱颂歌的人（　　）少了。
3. “我”和“我”的朋友们想（　　）小时候的快乐。
4. 我们喝着热茶，想着（　　）。
5. 大家都很喜欢我们的（　　）。

二 选出正确答案。Choose the right answer.

1. 为什么有些人不让我们进门？（　　）

   A. 因为我们都扮成魔鬼了

   B. 因为我们唱得不好听

   C. 因为他们有点儿害怕

   D. 因为他们累了

2. 为什么让“我”扮成天使？（　　）

A. 年龄小　　B. 喜欢跳舞

C. 长得漂亮　　D. 喜欢唱歌

3. 下面哪项不是“我”的另外一个朋友扮成魔鬼的原因？（　　）

A. 不会唱歌也不会跳舞

B. 没有天使的衣服

C. 爱钱

D. 爱吃东西

4. 爸爸建议我们去哪里唱？（　　）

A. 学校　　B. 亲戚和朋友家

C. 商场　　D. 公园

5. 大家觉得我们的演出怎么样？（　　）

A. 很好　　B. 很差　　C. 一般　　D. 不知道

三 说说你们国家怎么过新年。

Talk about how you celebrate New Year in your country.

爱尔兰[1]的木兰[2]

Mulan of Ireland

Burke Kathleen（卡瑟琳）
爱尔兰科克大学孔子学院

"我"为什么喜欢学汉语？
Why do "I" love learning Chinese?

08

中国离爱尔兰太远了，很难想象[3]它跟我们有什么关系。但是在我的心里，中国离爱尔兰却很近。

小时候，我们都看过电影《木兰》，那是我第一次听说[4]"中国"这个国家。因为喜欢中国的木兰，我们这些爱尔兰小孩也想学习中国功夫。

1. 爱尔兰 Ài'ěrlán p.n. Ireland
2. 木兰 Mùlán p.n. Mulan, a woman warrior
3. 想象 xiǎngxiàng v. to imagine
4. 听说 tīngshuō v. to hear of

我小时候的理想就是要做爱尔兰的木兰！

现在，中国在我们的生活中变得越来越重要。喝酒是爱尔兰的传统[5]，因为爱尔兰总是下雨，喝酒是为了忘记我们半年都没有看到太阳了！喝上几杯，肚子就会饿了，很多人就会去中国饭店，因为晚上所有的爱尔兰饭店都下班了。在爱尔兰，中国饭店几乎无处不在[6]，而且开门开到很晚[7]！它们又便宜，又方便，服务员动作又很快，我们就不会饿肚子了，还可以喝到中国啤酒。

5. 传统 chuántǒng n. tradition

6. 无处不在 wúchùbúzài to be everywhere

7. 晚 wǎn adj. late

我很幸运[8]可以学习汉语，因为学好汉语，我这个爱尔兰的木兰就可以去中国喝中国啤酒、吃中国菜、学中国功夫了！

8. 幸运 xìngyùn adj. lucky, fortunate

练习 Exercises

一 选出正确答案。Choose the right answer.

A. 越来越　B. 关系　C. 理想　D. 功夫　E. 近

1. 很难想象中国跟我们有什么（　　）。
2. 在“我”的心里，中国离爱尔兰很（　　）。
3. 爱尔兰小孩也想学习中国（　　）。
4. “我”小时候的（　　）就是要做爱尔兰的木兰！
5. 中国在我们的生活中也变得（　　）重要。

二 选出正确答案。Choose the right answer.

1. 小时候“我”的理想是什么？（　　）

   A. 学汉语　B. 出国

   C. 看电影　D. 像木兰一样

2. 下面哪项是爱尔兰的传统？（　　）

   A. 骑马　B. 跳舞　C. 喝酒　D. 看书

3. 爱尔兰人为什么爱喝酒？（　　）

   A. 爱尔兰的酒好喝　B. 爱尔兰总是下雨

   C. 爱尔兰有很多节日　D. 饭店里有很多酒

4. 喝完酒，爱尔兰人一般会去哪里？（　　）

A. 回家　　B. 去工作

C. 去中国饭店　　D. 去唱歌

5. 下面哪项不是中国饭店受欢迎的原因？（　　）

A. 价格贵　　B. 有中国啤酒

C. 方便　　D. 服务员动作快

三 说说你小时候的理想。

Talk about your childhood dream.

我的家

My Family

周益哲　喀麦隆雅温得第二大学孔子学院

节日的时候我们会做什么？
What do "we" do during festivals?

09

我的家在喀麦隆[1]的一个小城市，我家一共有九口人：爸爸、妈妈，还有七个孩子。我知道现在中国家庭[2]孩子很少，但是在喀麦隆每个家庭都有很多孩子。这是喀麦隆家庭和中国家庭不一样的地方。

我爸爸是一个技术员[3]，但是他现在已经退休[4]了。他

1. 喀麦隆 Kāmàilóng p.n. Cameroon

2. 家庭 jiātíng n. family

3. 技术员 jìshùyuán n. technician

4. 退休 tuìxiū v. to retire

有时候很和气[5]，就像是我的朋友；有时候又很严厉[6]，他要求我们做一个有责任心[7]的人、努力的人。我妈妈在医院工作，她对我们总是很和气。我有一个姐姐、一个弟弟和四个妹妹，我最小的妹妹才六岁，我们都在上学。

我们一家人经常在一起唱歌、跳舞，这不仅是因为我们喜欢，还因为我们可以通过唱歌、跳舞交流感情。有时候我们还会和爸爸、妈妈一起看电影，我们特别喜欢中国的功夫电影。看完电影，我们还会讨

5. 和气 héqi adj. kind, gentle

6. 严厉 yánlì adj. strict, stern

7. 责任心 zérènxīn n. sense of responsibility

论一下，说说每个人的观点[8]。每当这个时候，我总是非常开心。我们家有一个非常大的农场[9]，节日的时候，我们还会一起去那里给爸爸帮忙。在我们家，每个人都愿意帮助别人。

这就是我的家，这就是我们喀麦隆人的生活，我很爱我的家。

8. 观点 guāndiǎn n. idea, opinion

9. 农场 nóngchǎng n. farm

练习 Exercises

一 选出正确答案。Choose the right answer.

A. 城市　B. 要求　C. 不一样　D. 讨论　E. 交流

1. “我”的家在喀麦隆的一个小（　　）。
2. 这也是喀麦隆家庭和中国家庭（　　）的地方。
3. 他（　　）我们做一个有责任心的人、努力的人。
4. 看完电影，我们还会（　　）一下。
5. 我们可以通过唱歌、跳舞（　　）感情。

二 选出正确答案。Choose the right answer.

1. “我”的妈妈在哪儿工作？（　　）

   A. 商场　B. 学校　C. 超市　D. 医院

2. 爸爸要求我们做什么样的人？（　　）

   A. 爱唱歌的人　B. 爱笑的人
   C. 努力的人　D. 和气的人

3. 我们为什么一起唱歌、跳舞？（　　）

   A. 交流感情　B. 节日习俗
   C. 参加比赛　D. 学校要求

4. 我们特别喜欢什么电影？（　　）

A. 喀麦隆电影　　B. 歌舞电影

C. 功夫电影　　D. 爱情电影

5. 每次看完电影，我们要做什么？（　　）

A. 吃饭　　B. 回家　　C. 讨论　　D. 睡觉

三 介绍一下你的家人。Introduce your family members.

父亲的礼物

A Gift from My Father

Nadia Khatra（娜迪娅）
法国巴黎狄德罗大学孔子学院

"我"是哪国人？
Which country am "I" from?

10

我的父亲是阿尔及利亚[1]人，阿尔及利亚的沙漠[2]里有一种特别的石头[3]，叫"玫瑰石[4]"。每一块玫瑰石都不一样，都有几千万年的历史。孩子们喜欢在沙漠里寻找[5]这种美丽的、金色[6]的、像玫瑰一样的石头。

1. 阿尔及利亚 Ā'ěrjílìyà p.n. Algeria
2. 沙漠 shāmò n. desert
3. 石头 shítou n. stone
4. 玫瑰石 méiguishí n. rose stone
   玫瑰 méigui n. rose
5. 寻找 xúnzhǎo v. to look for
6. 金色 jīnsè n. gold (color)

因为贫穷[7]，十八岁的时候，父亲离开了家。走的那一天，他的父亲送给他一块珍贵[8]的玫瑰石。

我出生在法国[9]，十八岁的时候，父亲把他的玫瑰石送给了我。这是他送给我的唯一[10]的礼物。我的朋友笑我，说我的父亲舍不得[11]花钱给我买礼物，只送给我一块石头。我告诉他们，这不是一块普通的石头，它叫玫瑰石，它是父亲国家的象征[12]。在那里，没有人不喜欢这种美丽的、金色的、像玫瑰一样的石头。

7. 贫穷 pínqióng adj. poor

8. 珍贵 zhēnguì adj. precious

9. 法国 Fǎguó p.n. France

10. 唯一 wéiyī adj. only

11. 舍不得 shěbude v. to grudge

12. 象征 xiàngzhēng n. symbol

我把这块玫瑰石放在我的房间里。每次看到它的时候，我就会想到我的父亲，想到父亲的国家。

练习 Exercises

一 选出正确答案。Choose the right answer.

A. 特别 B. 历史 C. 普通 D. 出生 E. 礼物

1. 阿尔及利亚的沙漠里有一种（　　）的石头。
2. 每一块玫瑰石都有几千万年的（　　）。
3. “我”（　　）在法国。
4. “我”告诉他们，这不是一块（　　）的石头。
5. 这是他送给“我”的唯一的（　　）。

二 排列顺序。

Put the following sentences in the right order.

A. 阿尔及利亚有一种特别的石头，叫“玫瑰石”。

B. 每次看到它，“我”就会想到“我”的父亲。

C. “我”的父亲是阿尔及利亚人。

D. “我”十八岁时，父亲把玫瑰石送给了“我”。

E. 父亲十八岁时，他的父亲送给他一块玫瑰石。

三 说说你收到的最珍贵的礼物。

Talk about the most precious gift you have ever received.